CORONAVIRUS
L'EVEIL
BRUSQUUE

JENAD.L

Dépôt Légale :2020MO5049
ISBN :978-9920-32-661-2

Je dédie cet ouvrage

À toute ma famille, en particulier mon fils KAMAR, à tous mes amis, et à tous celles et ceux qui défendent la valeur humaine et l'environnement

JENAD El arbi

« Ne dis pas peu de choses en beaucoup de
mots, mais dis beaucoup de choses en peu de
mots. »
Pythagore

Table de matière

INTRODUCTION

INTRODUTION

Le principal souci de l'homme est de rester en vie. Si 'elle est menacée. Paniqué, il cherche l'issue de secours la plus proche pour s'échapper.

Pendant le confinement, on a vu le contraire de cet instinct. Des comportements inhabituels, une désobéissance et un refus de respecter les règles sanitaires malgré les risques et dangers qui peuvent en résulter.

Mon profond respect pour l'homme et mon souci de préserver notre planète où nous vivons, m'ont poussé à faire ce travail. Il s'agit d'un cri d'alarme d'un cœur brisé constatant des comportements non responsables d'une partie de la population face à la pandémie, en négligeant le rôle important des mesures pour arrêter la propagation du virus, et une crainte d'une mutation virale qui le rendra plus dangereux.

 La majorité de la population ne sera pas inquiétée par le covid-19, elle ne présentera chez eux aucun danger, le reste sera sévèrement touchés par la maladie, pourtant il reste des questions sans réponses.

D'où viennent ces comportements ?

Pourquoi, des jeunes gens sportifs en très bonne santé réagissent mal à COVID-19, et même parfois, ils laissent leurs vies. D'autres, plus âgés, déjà atteints des maladies chroniques graves, sortiront sans problème ?

-Est-ce qu'on peut être malade une seconde fois, si on a deja était infecté par le COVID-19 ?

-Si oui, à qu'elle fréquence ?

-Est-ce qu'on va prendre des leçons de cette pandémie, ou on va laisser les choses comme avant ?

L'arrivée des virus dangereux ces dernières années est non rassurante, rendant le futur sombre. L'avertissement est là, les pertes aussi, chaque erreur sera fatale. Le problème vient de nous, surtout du non-respect de l'environnement, la cause principale de ce désastre.

 Serons-nous à la hauteur du défi ?

Dans ce livre, je vais essayer d'expliquer les causes de revirement de nos comportements, et proposer des solutions pour sortir de cette situation inconfortable.

Les différents stimuli, qui ont poussé une partie des gens à refuser le confinement doivent faire l'objet de recherches très poussées, et créer des autres qui les rendent plus réceptives à la discipline

Des gens parmi nous deviennent insensibles aux consignes sécuritaires malgré le danger, nous imposent le confinement sans fin, La science de l'homme grâce à son progrès remarquable peut bien aider, et introduire des inductions capables de changer nos habitudes.

Chapitre 1
Médecine alternative

« L'essentiel n'est pas de vivre, mais de bien vivre. »

Platon

Médecine alternative

Le savoir est doté d'un grand cœur, avec un espace
énorme qui peut contenir tout le monde, et qui a un
pouvoir de refouler le porteur de la haine dans
l'autre rive.

J.1

Par manque de financement, les recherches dans les
médecines alternatives sont très médiocres. On ne
trouve pas des laboratoires sophistiques de recherche
comme le cas pour la médecine conventionnelle.
La médecine douce peut jouer un rôle important en
augmentant l'esprit préventif chez les gens, et aider
à fortifier le système immunitaire, grâce à sa
méthode de recherche de la cause de la maladie.
Malheureusement, elle reste mal exploitée,

Pousser les recherches dans ce domaine peut aider. C'est une branche de la science qui apporte des solutions extraordinaires, elle a le pouvoir de nous apprendre à vivre une vie saine, et de développer la protection. Une issue de secours formidable pendant les périodes difficiles.

Il existe parfois des contradictions entre la médecine alternative et la médecine conventionnelle. Cette antinomie est amplifiée par des membres extrémistes des deux groupes. Faisant de cette contradiction une force de recherche approfondie pour le bien de la médecine et de l'humanité.

Voici quelques branches de la médecine alternative :

✓ Médecines orientales et traditionnelles, y compris la médecine traditionnelle chinoise et la médecine ayurvédique indienne.

✓ L'acupuncture,

✓ Les thérapies corps-esprit,

✓ La nutrition thérapeutique y compris les vitamines et les régimes complémentaires

✓ L'homéopathie

✓ L'hypnose

✓ La sophrologie

✓ La pnl,

✓ Gestalt,

✓ Le Massage et le toucher thérapeutique etc...

Avec la médecine douce, Les gens seront encouragés à être plus attentifs sur leur mode de vie, pour vivre plus longtemps, et en meilleure santé, elle nous apprend à être à l'écoute de notre corps, par exemple : sentir une petite douleur.

La médecine douce nous apprendra :

✓ Manger équilibré en évitant de consommer beaucoup de graisse, sucre et sel, dormir suffisamment suivant le besoin du corps.

✓ pratiquer un sport quotidien et des moments de détente pour combattre le stress.

✓ La médecine alternative est un bon complément pour la médecine moderne, elle peut donner main forte,

Mes chers médecins, chaque instant vous êtes confrontés à la mort, une partie de vos confrères ont perdu la vie, d'autre restent invalides, tout ça pour sauver la nôtre. Vous êtes et vous resteriez nos héros pour toujours, vous honorez la science et la médecine, et surtout vos anciens professeurs à travers les temps, ils sont fiers de vous. On s'incline devant votre courage, parmi vos sorties médiatiques, vous n'avez pas cessé de nous demander de respecter les règles sanitaires, et être préventifs. La médecine alternative a la capacité de rendre l'homme préventif, et l'introduire dans ses habitudes.

Chapitre 2
Laboratoire humain

« Choisis toujours le chemin qui semble le meilleur même s'il paraît plus difficile : l'habitude le rendra bientôt agréable. »

Pythagore

Vaccin

Seul un cadeau du ciel peut nous aider, ou un vaccin-miracle développé par des biologistes, travaillant sans relâche, dans des laboratoires, risquant chaque seconde leur vie pour connaitre la nature de ce virus. Qui n'a pas encore livré tous ses secrets, leur objectif est de sauver l'humanité.

Trouver un vaccin efficace prendra du temps pour être élaboré. En attendant nous devons respecter certaines mesures :

✓ -port du masque
✓ -lavage des mains le plus souvent possible
✓ -respecter les règles d'éloignement

En plus il faut Faire beaucoup de tests pour détecter les gens atteints les isoler, et suivre leurs parcours, en respectant ces consignes, la propagation du virus sera limitée et ne pourra se propager

Nous ne devons pas être la source de malheurs de notre société. Entrons dans l'histoire par la grande porte, et rendons service à nos enfants, en leur donnant un bon exemple. Imitons nos parents, ils faisaient le tout pour nous offrir, paix prospérité, liberté et progrès

Laboratoire humain

Les recherches d'investigation de notre for intérieur restent minimes. Notre corps cache beaucoup de trésors non exploités. L'homme a toujours le réflexe d'explorer le monde extérieur, tandis que le corps humain fabrique beaucoup de molécules non connues à ce jour. Les recherches dans ce sens pour trouver les anomalies, et booster notre système immunitaire ne seront que les bienvenues. L'homme est doté d'un laboratoire Interne très sophistiqué, capable de faire face à toutes les maladies d'origine microbiennes ou virales.

Tout ce que cherchent nos laboratoires gigantesques aidés par les ordinateurs très puissants et un arsenal matériel et humain, notre corps le fabriquera avec une simplicité étonnante. D'ailleurs 80 % des gens atteints du COVID-19 n'ont besoin d'aucune assistance médicale. Les autres qui restent, auront un problème dû au non-fonctionnement de leur système immunitaire. La covid-19 nous rappelle les périodes des pandémies passées, quand la médecine avait peu de moyen à faire face. Aujourd'hui, l'histoire se répète.

Chercheur

Le système scolaire doit être aidé logistiquement, pour donner des chercheurs doués, suivant le besoin. La majorité des laboratoires sont gérés par des sociétés privées, dont le but est de réaliser un maximum de bénéfices. Ce qui met une pression permanente sur les chercheurs en les éloignant de leur mission noble, qui rendra les recherches poussées difficiles à réaliser.

On a oublié que les grandes découvertes, on mit beaucoup de temps pour être réalisées, le travail a été fait par plusieurs personnes à travers des années, voire des siècles. Les investisseurs n'ont pas cette patience, attendre et faire des choses en chaîne, surtout dans le temps actuel, ou tout est rapide, et personne ne s'intéresse à un travail couteux de long terme. La tendance, l'avidité du gain et le rôle des médias, poussent les jeunes aujourd'hui à s'investir dans les domaines tel que le sport, le showbiz, etc. au lieu de la recherche scientifique, qui est moins lucrative

Nous devrons rendre l'estime à nos chercheurs

Le rejet de l'autre

Le virus est le même sur terre, les humains réagissant séparément, et chacun à sa méthode de faire les choses suivant des principes bien déterminés. Il suffit de traverser les frontières pour voir les différences. L'homme est muni parfois d'un rejet de l'autre sans raison logique. Les murs de l'appartenance sont très solides entre nous, les futurs virus ne nous feront pas de cadeaux, ils vont profiter du désaccord, et nous créer des problèmes sérieux.

On vit actuellement une course des laboratoires, pour être le premier à trouver un vaccin et Pour le mettre à la disposition de son groupe d'appartenance en premier, ensuite, le vendre pour faire un bon profit. Tandis le nombre de mort n'a cessé de croître sur terre. Un travail en coordination sera bénéfique pour tout le monde, et le résultat sera rapide. Tant que le covid19 existe sur un point du globe, l'humanité est menacée par l'évolution virale, qui rendra le vaccin trouvé inutile

Chapitre 3

Le debut de confinement

« Nul n'est méchant volontairement. »

Socrate

Découverte scientifique

Les découvertes scientifiques étaient suivant un rythme équilibré dans le passé, entre découverte et une autre, la durée était parfois de dix ans. Les anciens avaient assez temps pour profiter de la vie, même pour les informations, elles étaient rares. Qui leurs permettaient des regroupements fréquents, des fêtes et des sorties. Ces dernières décennies, le progrès de la technologie a connu une évolution rapide. Les informations tombent chaque instant en vrac, l'homme trouve des difficultés à suivre le mouvement, ce qui a perturbé ses comportements.

Avec le numérique, un nouvel homme est né
Occupé et accroché à son portable. L'Homme actuel a L'impression de quelqu'un qui cherche sans arrêt des choses perdues d'important. À un certain point, qui perd le contact avec le monde physique, il est en état de transe sans limites avec son instrument préféré « téléphone ». En plus, il est dans un état de recherche des cachettes en permanence. L'exemple

d'un individu, qui cherche à se dissimuler dans un désert plat sans végétation. La technologie moderne nous contrôle partout, elle peut nous localiser grâce à la géolocalisation, connaitre ce qu'on aime acheter, etc. D'où notre vie privée est sévèrement atteinte.

Actuellement, nous sommes en course avec l'informatique qui n'arrête pas d'augmenter sa vitesse, et une fatigue apparaît chez des gens, qui commencent à souffrir, ce qui a donné la naissance d'un nouveau mot : (dépendance à l'informatique.).

Une ère voit le jour, créant avec elle une génération, et de nouvelles pensées jamais connues auparavant. Le futur est difficile à prédire, une chose est certaine, sans garde-fou, on va vers une catastrophe, les signes du début des effets néfastes du numérique ne sont pas rassurants.

Désarroi

Pour voir notre état actuel, à travers le monde, retour au début du confinement, on assiste à une ruée vers les supermarchés et stations des carburants, pour se ravitailler. Bousculades, altercations et même parfois des bagarres. Au bout de quelques heures, tous les rayons des magasins se sont vidés, les retardataires n'ont rien trouvé. Ce qui a crée une panique jamais vue auparavant

Histoire des pandémies

-La peste d'Antoine : durée presque 25 ans

La pandémie est apparue, à la fin de l'année 165 en Mésopotamie, elle a gagné Rome en une année, pendant le règne Marc-Aurèle en l'an 180. Elle a durée presque 25 ans, et réduit la population romaine presque de 10 millions de morts.

- La peste de Justinien 541-750 au nom de l'empereur romain qui gouvernait en ce temps

La plus longue et la plus meurtrière l'estimation du nombre de morts entre 25 ont 100 millions.

-Ensuite la peste noire est apparue entre 1347 et 1353. La maladie a été déclarée dans une ville en chine dans la région hubei ou se trouvent wuhan. Ville ou le covid 19 est apparu. La propagation de la maladie est due à la conquête des Mongoles, qui touché entre 30 à 60 % de la population d'Europe soit 25 à 60 millions environ.

Pandémies du xx siècles

-La grippe espagnole de 1918 à 1920 :
Durée   2 ans
    Nombre de morts entre 20a 100 millions
-La grippe asiatique : durée 1 an, nombre de morts
Environ 4millions

Elle a touché la moitié de la population mondiale

-La grippe de Hong Kong 1968 a 1970
Durée : 2ans 1 million de morts

Chapitre4
Nos pensées et coronavirus

Libérer L'homme

L'être humain est le seul être vivant capable de régler la biodiversité sur terre, malheureusement, par insouciance l'humanité d'aujourd'hui a failli à ces obligations envers la nature. Le travail sera difficile pour redresser la barre, et rétablir l'équilibre. Actuellement L'homme est un destructeur, le rôle est inversé, notre terre brûle, et au lieu d'éteindre le feu, on reste immobile. Oubliant qu'il s'agit de notre existence et de celle de l'avenir nos enfants.

Agressivité

L'agressivité existe depuis la création de l'homme. Elle a joué un rôle pour notre survie. Nos comportements ont presque tous évolués, sauf l'agressivité, qui est restée sans changement.

Suite aux problèmes liés à notre vie moderne, les gens deviennent de plus en plus violents. Un homme violent trouvera des difficultés à respecter les consignes de protections sanitaire, être confinés et il mènera une vie dure à ses proches. Il peut devenir un grand contaminateur pendant la pandémie.

Parmi les causes de la violence chez l'homme :

-Maltraitance de l'enfance

-Échec scolaire

-Pauvreté

-Consommations des drogues

-Chômage

-Pollution de l'environnement etc.

Pour remédier à ce fléau. Plusieurs acteurs doivent s'investir : parents, école, scientifiques etc...

Prévention

La prévention est un critère essentiel pour juger le degré de   civilisation d'un peuple

Avoir un esprit préventif ça se travaille dès le jeune âge. La société et l'école ont le devoir de le développer. La prévention a le pouvoir de nous rendre plus responsables, c'est une arme efficace contre l'épidémie virale, la pollution, et presque tous les maux des temps modernes

Faire attention instantanément c'est beau, et tout le monde a cet instinct, mais prévoir le problème et l'éviter, c'est beaucoup mieux. La prévention doit être bien travaillée, pour qu'elle devienne une habitude, et qui nous donnera un équilibre précieux tant souhaité.

Un masque, se laver les mains souvent avec un gel, éviter les regroupements sont des gestes de prévention qui peuvent arrêter l'épidémie, et réduire la durée du confinement. Malheureusement, il y a parmi nous, qui trouverons des difficultés à faire ces gestes. Prévenir doit être un geste normal, il doit être accepté par les gens sans recourir à la force. Pour les générations   futures,   la   prévention doit   être un réflexe.

Le conscient

L'homme est un expert dans l'introduction des habitudes à travers le temps pour ses semblables. On dit que les mauvaises habitudes se propagent seules suivant les croyances. Les réalisateurs n'ont pas besoin des hautes études pour le faire. Il suffit d'être un manipulateur du désir. Le travail est fait.

L'exploitation de l'inconscient humain est très développée, les études sont très poussées. Les résultats sont splendides, principalement dans l'économie, grâce à elle, les gens achètent et consomment plus, même trop. Par contre Le côté conscient n'est pas bien exploité, malgré ces richesses.

Le conscient prend en charge tout ce qui est rationnel, logique, analytique, abstrait et verbal. Il est utilisé pour toutes nos tâches quotidiennes, prendre des décisions, réfléchir, choisir des actes, raisonner, analyser faire des comparaisons et des suppositions, etc.

Le conscient est mal exploré à ce jour, tout simplement, parce qu'il demande un travail délicat et plus d'efforts de recherche. Il cache beaucoup des bonnes choses. Le Négliger, c'est réduire notre

sécurité de demain, elle peut nous aider à résoudre des problèmes, surtout pendant les pandémies, car il développe en nous la prévention et la sécurité. En plus, il nous aide à éclaircir nos chemins, éviter le déraillement, et fournir une force à notre inconscient, s'ils travaillent en harmonie.
La tendance actuelle est vers l'exploration de l'inconscient, la partie éveillé reste mal travaillée, c'est en exploitant les deux qu'on peut être meilleur. En plus il nous permettra de contrôler la violence.

L'inconscient

L'inconscient contrôle la plupart de nos comportements
Il gère des fonctions vitales parmi elles :
    -Battement du cœur
    -Reflexes,
    -Garde en mémoire
    -Les savoirs
    -L'apprentissage
    -Les compétences et les souvenirs

ESPRIT

Notre esprit, c'est notre faculté intellectuelle, il a des forces surnaturelles énormes, il est capable de réaliser des choses extraordinaires. Parmi elles, vaincre des maladies. Les experts dans le domaine n'ont pas cessé sur ses biens faits. La recherche de son exploration est souhaitable surtout, il apportera une aide précieuse aux gens pendant les périodes difficiles, malheureusement, il reste mal exploité.

Parmi les disciplines qui utilisent les biens faits de l'esprit, on trouve les Thérapies Corps-Esprit

Dans ce type de thérapies, l'esprit est stimulé par plusieurs approches, pour observer les diverses fonctions corporelles, y compris le contrôle de la douleur. Cette catégorie comprend les traitements thérapeutiques utilisant des techniques de relaxation, de méditation, de visualisation et l'hypnose.

Introduire la psychologie dans les lycées

L'étude de la science de l'homme doit être instaurée dès le jeune âge dans nos écoles, pour permettre aux élèves de connaître les différentes fonctions du corps humain ainsi que les points forts et faibles. Cette connaissance aidera nos enfants à éviter la consommation des drogues.

Parmi les avantages d'étude de cette discipline il apprendra à l'étudiant de bien connaitre le surplus de l'agressivité, et approfondir la connaissance sur les maladies et leurs causes.

Mettant tous les moyens disponibles pour une bonne éducation de nos adolescents, pour éliminer les obstacles causant leurs dérives, et surtout arrêter de les responsabiliser de leur échec. Ce sont nos héritiers de demain, et notre principale sécurité une fois vieux.

Donner le bon exemple

L'homme a toujours essayé d'imiter dans tous les domaines et a tendance à vouloir reproduire ce que font les leaders,

Ces meneurs doivent donner le bon exemple, et surveiller leurs faits et gestes ainsi que leurs comportements, qui seront reproduits par leur fans et surtout la jeunesse. S'il s'agit des industriels, la protection de l'environnement doit être parmi les points importants dans leurs actions quotidiennes. Un artiste doit faire attention sur ses actes, une mauvaise action peut être imitée par beaucoup d'individus. Les politiciens doivent être propres, et respecter la confiance mise en eux, par des actions qui les rendent plus aimés que la première arrivée sur la scène politique.

Chapitre 5
Intelligence Artificielle

« Choisis toujours le chemin qui semble le meilleur
même s'il paraît plus difficile : l'habitude le rendra
bientôt agréable. »

Pythagore

Intelligence artificielle

L'Intelligence artificielle peut nous aider à trouver des solutions, mais pas à les résoudre, seul l'homme est capable de le faire.

Calculatrice

Avant l'arrivée de la calculatrice, l'homme était capable de faire des opérations complexes, et tous les enfants dans le passé, apprenaient la table de multiplication. Aujourd'hui impossible de faire des opérations sans le multiplicateur, même les faciles. Le progrès de la calculatrice est une belle chose, mais pas au détriment de nos neurones, La technologie peut nous rendre paresseux. Actuellement on apprend la table de multiplication une fois âgée et malade, pour rééduquer nos cellules cérébrales,

Le corps sera détruit s'il n'est pas utilisé.

Le portable a pris une place importante dans notre vie, le changement est tellement rapide, à un certain point qu'on ne s'est pas aperçu, et ce n'est que le début. Il est devenu notre ami par excellence, on ne peut pas se séparer même un petit moment. On a créé une nouvelle génération connectée avec le monde extérieur. (Informations, vidéo, film, musique, etc.) Tous à la carte. On peut acheter, vendre, réserver un hôtel par un simple clic.

Avec le portable, un nouveau monde est créé. Un commerce florissant, un homme toujours occupé, ce qui est bien. Ces comportements ont des effets positifs, mais aussi négatifs. On va devenir plus paresseux. Des études doivent être entamées pour qu'on ne perde pas notre fraîcheur. Plus on est connecté et plus on est déconnecté avec le monde autour de nous. L'activité de notre cerveau cédera la place à la machine, Nos neurones eux aussi ont besoin d'exercice essentiel pour rester en forme. Surtout si on veut vivre longtemps. Ajouter à ça le danger du déchet numérique et les ondes propagées à travers l'univers.

Rester des heures sans relâche les yeux rivés sur l'écran. Le portable a des mauvaises conséquences sur notre santé, dû à son utilisation excessive, parmi eux :

-Le cristallin de nos yeux est touché

-Insomnie

-Problèmes de cerveau dû à l'exposition excessive aux ondes magnétiques.

-Douleurs sur les doigts dus aux touchers excessifs du clavier

-Douleurs de la nuque, suite au stationnement en position courbée.

Le Portable 5G

L'arrivée de la 5eme génération est à nos portes. Ses défenseurs ont beaucoup d'arguments de son utilité et ces biens qui vont nous apporter. Le portable nous guidera, on appliquera ses lois sans résistance, on sera dépassé par les événements. De l'autre côté des voix qui s'élèvent, dénonçant les dangers des ondes propagées par ses émetteurs sur l'être vivant.

Le progrès de la technologie est très bon pour nous, il est la cause de notre prospérité, mal utilisé, il peut devenir dangereux. Le contrôle sécuritaire devra être doté des moyens matériels et humains pour barrer la route à des inventions douteuses, qui mettent des moyens hors norme pour ne pas être détecté. Il s'agit de notre existence et celle de nos enfants.

La sécurité avant tout doit être une réalité. La technologie doit être une source de bonheur, je pense que le covid19 va nous pousser au changement.

Est-ce que la leçon sera retenue, où on va faire que des petites retouches jusqu'à l'arrivée d'une catastrophe irréparable.

Chapitre6
Education base de réussite

« Un homme n'est jamais si grand que lorsqu'il est
à genoux pour aider un enfant. »

Pythagore

L'éducation

Nous devons donner plus d'importance à l'éducation de nos enfants, et être vigilant depuis la naissance jusqu'à l'adolescence, un suivi et un contrôle permanent les aidera à devenir des adultes forts pour affronter les difficultés de la vie. Un soutien des experts scientifiques sera souhaitable et corrigée les anomalies constatées chez nos enfants. L'école doit être bien entretenue, remis à la page chaque fois qu'on a besoin, et suivant le progrès de la technologie. Il faut mettre à sa disposition tous les moyens pour la réussite de sa mission. Est-ce que Les collèges ne sont pas capables d'apprendre aux écoliers les dangers des virus, malgré les budgets dépensés ?
Avec l'arrivée des portables le désaccord entre parents-enfants s'est accentué. Les adultes préfèrent rester accrochés à leurs portables dans un coin déconnecté de leurs entourages. La communication familiale est essentielle pour l'éducation, il faut consacrer plus de temps aux enfants, en évitant les jugements basés sur l'expérience et être constamment à leur écoute en les encouragent au lieu de les blâmé, ce qui permettra de gagner leurs

confiances. Les problèmes doivent être traités calmement

La clé de la réussite de l'éducation des enfants, c'est être un parent honnête et exemplaire, on ne peut pas demander à un enfant de faire des actes, si on est incapable de les respecter. Il faut instaurer chez eux l'estime de soi, ça serait essentiel pour leurs développements. Le manque de confiance va faire douter les enfants sur leurs qualités.

L'importance de l'éducation

La construction d'un homme commence le jour où l'ovule est fécondé, et même avant avec l'apport génétique de chacun des parents. Les évènements vécus par la mère pendant sa grossesse, ses colères, ses déceptions, ses soucis de subsistance, ses frayeurs, tout cela affecteront l'enfant après la naissance. (La biologie dit que : de la conception à la maturité se produisent 47 niveaux de division cellulaire, dont 40 dans le ventre de la mère). Il n'est donc pas étonnant que les évènements vécus par les parents dans cette période représentent la phase la plus critique de la vie humaine, ils devront être attentifs vers le fœtus. La mère se chargera de transmettre à sa future naissance les émotions externes, qui auront des conséquences réciproques suivant les cas, bons ou mauvais.

Après vient le stade du nouveau-né, où cette transmission amoureuse se fera par l'allaitement et le toucher. Puis viendra le jour, l'enfant récompensera ses parents par des sourires, sauf les bébés connaissent le secret. Après viendra la période des premières séparations, qui devront se faire avec délicatesse, les mettre entre des mains professionnelles. Qui devront être des fontaines d'amour.et mettre à la disposition des parents des aides des spécialistes des comportements, qui seront à leur disposition pour toute anomalie constatée. Ici, tout le monde doit s'investir. C'est la construction de nos futurs héros. Les familles modestes doivent être aidées.

Les premiers éducateurs de nos jeunes enfants doivent être bien formés et choisis. Si tout se passe bien, la période de l'adolescence sera facile. Pendant toutes ces périodes, on doit aider les faibles à rejoindre le peloton et surtout ne pas les relâcher. À la fin, le résultat sera là, une réduction de consommation de drogue et de violence. Une très belle rentabilité qui dépassera largement les dépenses entamées avant, et surtout des gens disciplinés pour le bien de l'environnement et la société.

Le système scolaire basé sur la compétitivité pour nos enfants doit disparaître, remplacé par autre respectueux, qui encourage les faibles, sans créer des dégâts irréversibles

Une surveillance sévère doit être faite sur les médias et Internet. Nous enfants ont besoin de notre assistance plus qu'on croit, ne soyons pas perdus entre les portables et du lèche-vitrine, on a une mission à rendre. Les parents doivent être bien formés et soutenus, ne pas les laisser seuls. On doit opter pour avoir des adultes bien équilibrés pour le bien de la société, réduire la consommation de la drogue et la violence. Le gain sera très bénéfique pour tous

La démocratie de l'école

L'école doit être là même pour tous les enfants pour minimum à l'âge dicté par des spécialistes du domaine. Où ils accepteront la différence sociale, qui peut leur causer des séquelles, et avoir un impact négatif. Les vagues des virus nous obligent à accepter les faits, l'esprit de groupe doit apparaitre, et pour faire des adultes responsables. On doit prendre soin des enfants dès le début. Aider les faibles parmi eux à reprendre confiance. Les petits naissent tous des anges. Le but sera qu'ils le restent.

Tamis scolaire

On doit opter pour avoir des adultes bien équilibrés pour le bien de la société, qui ne consomment pas de drogue et être bénéfiques pour la société. Les différents tamis scolaires imposés doivent disparaître surtout financier. Des enfants qui ne pourront poursuivre leurs études par manque de moyen, c'est une perte d'énergie.
De nos jours tout le monde préfère être une star dans les différents domaines, acteurs, chanteurs sportifs, etc. au lieu d'être un chercheur gagnant un salaire modeste. Actuellement on a besoin de nos savants, il faut leur redonner de l'estime d'avant. Ils sont les seuls capables de faire des miracles, la vie sans eux perd sa valeur

Chapitre 7
L'environnement

« Existe-t-il pour l'Homme un bien plus précieux
que la Santé ? »

Socrate

L'environnement

Dans les quatre coins du monde, des gens installent des digues pour se protéger des océans. Chaque centimètre pris est dû à l'effondrement du glacier suite au réchauffement climatique. Les forêts disparaissent laissant place à l'urbanisation. Des ouragans et des Pluies torrentielles de plus en plus fréquents, des jours d'été caniculaires en nette augmentation. L'eau matière essentielle pour toute être vivant est polluée, et enfin l'arrivée des virus dangereux.

Je pense que nous devrons prendre les bons choix, ces informations ne sont pas du tout rassurantes. La nature doit être respectée, elle est dotée d'un système d'équilibrage de l'écosystème naturel, et munie d'un système d'auto Défense qui lui permettra de rendre la pendule a l'heure.

La préservation actuelle de la nature n'est pas à la hauteur, l'air est de plus en plus irrespirable, causant plus de morts et de malades. L'eau source vitale de la vie est sérieusement menacée, la nature se dégrade jour après jour, On a l'impression que l'homme est en guerre avec la nature, il n'arrive pas à contrôler les progrès technologiques. Les forêts sont ravagées par les feux, qui disparaissent, donnant le

déboisement qui est la cause de la disparition des espèces animales et végétales. La production des produits chimiques empoisonne, air, le sol et contaminent l'eau, ce qui menace l'existence.
Le plastique étouffe notre terre de plus en plus. La pêche massive mettra les espèces de poissons et leurs prédateurs en danger d'extinction. Si on ne fait rien d'ici peu, on ne trouvera pas de poisson dans nos menus. L'eau à travers le globe est contaminée par l'utilisation abusive des pesticides et engrais.
La plupart des maladies infectieuses viennent des animaux, qui sont transmises à l'homme, parmi ces infections : Ebola, la grippe aviaire, zika, syndrome respiratoire sars, et le COVID-19. Elles sont dues aux activités humaines dont : déforestation, commerce des animaux sauvages, l'élevage massif, mauvais contrôle d'admission des antibiotiques aux animaux d'élevage, et L'effet du changement climatique sur la terre.
Les virus deviennent plus agressifs, notre rôle ne doit pas être limité à trouver les remèdes, chaque fois qu'un virus est là. On doit éliminer en amont les causes de leurs évolutions, et freiner la transmission vers l'homme, et agir suivant les cas. On doit surveiller les industries polluantes. Nos ennemis

sont les virus dangereux, agissons ensemble pour notre bien, l'action doit être entamée sans retard

L'environnement doit être notre première préoccupation, le redressement doit être fait rapidement, le changement sera difficile et douloureux. Qu'importe, il s'agit de notre existence et celle de nos enfants, soyons à la hauteur du défi. Actuellement, suite au COVID-19, même les plus réticents des programmes de protection de la nature souhaitent un changement, c'est le moment de procéder à la correction tant voulue, avant que la situation se stabilise. La division réapparaît, où les intérêts surgissent à nouveau, et un retour à la segmentation.

Nous sommes des êtres intelligents, l'appât du gain, devenir plus riche et plus fort ne va pas nous aveugler, et nous fera oublier notre rôle principal, sauver la Terre avant qu'il ne soit trop tard

De nos jours dans les pays riches, les aliments sont jetés soit par les chaines distributrices ou par les consommateurs, pendant dans d'autres pays des gens meurent par la famine. Ce gaspillage alimentaire est estimé par des organismes spécialisés à 1/4 de la nourriture mondiale, ce qui nous a demandé. Plus de consommation, d'eau douce, plus d'énergie fossile pour nos engins, et plus de produits chimiques et de pesticides. C'est une agression gratuite de l'environnement, qui doit cesser en urgence, si vraiment on veut procéder à la correction.

Chapitre 8 :

COVID19

Virus

Le début du 21eme siècle nous annonce l'arrivée des nouvelles maladies, avec une fréquence effrayante, et malgré les alertes, nos préparations n'étaient pas ce qu'elle devrait être.

L'évolution virale devient plus menaçante, nous obligeant à changer nos habitudes. Nous devons être disciplinés, sinon les sacrifices seront lourds. Seules les nations qui respectent les règles hygiènes sanitaires résisteront à l'épidémie. La nouvelle vague du virus nous demande la prévoyance, beaucoup de propreté, un lien social solide. L'éducation doit être remise à niveau, en mettant tous les moyens matériels et scientifiques à sa disposition. Le moment est de créer des sociétés fortes pour affronter les prochains défis. Les enfants doivent être bien préparés pour l'avenir, c'est notre force de demain.

Faisons d'eux des sauveurs de la terre.

Désordre pendant la pandémie.

Pendant le début de la pandémie, on a assisté à des actes maladroits et un désordre dans plusieurs coins. Parmi eux :

-Mauvaise Préparation à la pandémie.

-Manque de matériels : Masques, gels, lits de réanimation, etc.

-Refus de certaines personnes de respecter les consignes sanitaires et d'éloignement ce qui a coûté cher, bilan lourd en morts et invalides.

-Nombre insuffisant d'analyse et mauvais isolement et traçage des malades.

L'Homme est un facteur essentiel de la propagation du virus, sans lui il sera anéanti. Un sacrifice de quelques jours de confinement strict, et un respect des règles sanitaires nous suffirons à un retour à la normal. L'indiscipline et la négligence nous ont contraints à un confinement sans fin, mettant notre économie à l'arrêt, et nos familles en danger permanent

État actuel

La science-fiction devient de plus en plus réalité, l'environnement se dégrade, des virus dangereux sont avec nous. Notre état actuel n'est pas rassurant. La préparation éventuelle à une vague virale plus dangereuse prochaine est une urgence, l'avertissement est là, on doit tirer la leçon et sortir vainqueur et ne pas laisser place au désordre. Des gens qui ne veulent pas se soumettre aux règles sanitaires, qui pensent que le virus n'est pas dangereux, ou ne croient même pas à son existence. Ils deviendront conscients une fois touchés par la maladie ou un de leurs proches

On a constaté des relâchements chez des gens, refusant les normes de protection, malgré le nombre des morts enregistrés, ce relâchement peut avoir des conséquences graves pour notre existence et celle de nos enfants. La fréquence d'arrivée des virus augmente. La vigilance doit être là, les causes de leur propagation doivent être éliminées. On doit procéder à la protection de notre environnement. Le COVID-19, doit être une alerte sérieuse. On doit être ensemble soudé et préparé pour toute éventualité.

Le rôle du confinement est très important, c'est le meilleur moyen de base connu à ce jour, les virus ont la capacité de se muter, et chaque mutation nous remet à la case départ. Une procédure de reconnaissance du nouveau venu qui nécessitera un temps suivant les cas, puis la recherche d'un vaccin, qui demandera plusieurs mois pour être élaboré. Notre économie ne peut pas résister longtemps, La logique nous impose de trouver une solution qui limitera les dégâts, et à ce jour le confinement est le seul remède en attendant de trouver une solution efficace. Nous sommes en présence des maladies virales, leur fréquence à augmenter ces dernières décennies. L'évolution virale devient plus menaçante et accrue, qui nous a obligés à changer nos habitudes.

Nous devons sortir avec moins de dégât causés par la pandémie. Le moment est de rassemblement, et faire un bon calcul pour les années avenir, éliminer les causes. L'homme doit être plus attentif et responsable. Si on était préparé avant, notre réaction serait efficace actuellement. Préparons nos enfants, ils auront des tâches difficiles à l'avenir.

Chapitre 9
Les effets de covid 19 sur nous

Les effets de covid19

On constate que les enfants seront touchés par le confinement, ils verront leurs héros adultes qu'ils croyaient toujours forts et imbattables s'incliner devant une miniature. Cette défaite ne passera pas inaperçue, elle restera gravé dans leurs profonds à jamais.

Il y a des enfants qui vont perdre des parents. Ils seront obligés de terminer le chemin sans soutien parental, d'autres qui verront leurs parents quitter leurs demeures ou commerces suite de non-paiements de loyers.

Une autre partie verra le niveau de vie familial chuter dû aux pertes d'emploi. L'abondant scolaire marquera un chiffre record.

Le nombre d'enfants qui seront obligés de travailler enregistrera un chiffre terrifiant dans les pays pauvres, Beaucoup d'entre eux perdront leur vie suite à la faim, des millions d'enfants qui vivent dans des camps de réfugiés entassés verront leur vie s'empirer, on verra des moins âgés dans les fronts des guerres, L'exploitation sexuelle des petits fera une pique effrayante, Les prédateurs rôdent.

Pour nos adolescents, Le plus difficile est de les priver de leur liberté comme le cas aujourd'hui, moins de rencontres, et des sorties. Les études se feront à distance, et le cauchemar une fois diplômé, ils trouveront un marché d'emploi en arrêt.

ADULTE

Quelques problèmes des adultes avec la pandémie dans :

Ils auront la tache de surveiller leurs parents, et enfants malades.

D'autres qui vont trouver des difficultés à subsister au besoin matériel de leur famille. Ceux, qui seront obligés de sortir, ils vivront une angoisse permanente de peur d'être infectés et transmettre le virus au foyer. Parfois, les écoles fermeront, en plus de leurs tâches s'ajoute la garde des enfants.
La majorité des adultes vont beaucoup souffrir, ils ne vont pas résister au choc

Les plus âgés

Les seniors vivront anxieux, leurs proches ne peuvent pas leurs rendre visite pour raison la pandémie, ils seront incapables de justifier la cause. Des chagrins journaliers dus à la perte des amis et des compagnons chers. Pour d'autres, être contaminé, c'est la fin de la vie. Si les lits de réanimations sont saturés, et la sélection sera le seul critère pris en compte par les médecins, Ils seront les premiers à céder leurs places pour des jeunes qui auront beaucoup de chance de sortir vivant.

Je ressens leur souffrance, avant et pendant leur jeunesse, leur devise était : le sauvetage d'un enfant ou un vieux une priorité sacrée, et beaucoup de leurs amis ont perdus leurs vies on le faisant, aujourd'hui les mentalités ont changées

Économie

Notre économie, elle aussi sera touchée, des petites et moyennes entreprises disparaîtront, par manque de client ou suite à la réduction du pouvoir d'achat. Hôtels, restaurants, et transports etc. Seront sévèrement mis en difficultés, causant des chômeurs, et mettant l'embauche en arrêt. Les chiffres d'affaires des grandes entreprises tendront à la baisse, qui les obligeront d'annuler pas mal de projets, et réduire leurs investissements. Une seule année d'arrêt d'économie partielle mondiale aura des conséquences négatives sur les marches pendant plusieurs années avenir. Ceux qui n'auront pas les moyens de payer leur loyer de commerce, auront des problèmes financiers sérieux à l'aveni

Chapitre 10

Remede

Remède

On doit être vigilant, les causes de la propagation des virus doivent être radicalisées. Longtemps les protecteurs de l'environnement étaient mis à l'écart, on doit les écouter est rétablir avec eux une confiance. Les éléments qui détériorent notre Terre sont en augmentation. On doit faire une pause en urgence, éliminer les facteurs négatifs, renforcer la sécurité et repartir sûrement. On n'a pas assez temps devant nous.

Chercher des vaccins et des médicaments, c'est bien, éliminer les causes des maladies, c'est meilleur. Le Covid-19 est une alerte sérieuse, notre avenir dépend de notre réaction d'aujourd'hui. La meilleure méthode d'arrêter l'invasion virale, c'est le traitement à la source. La nature doit être protégée, elle est la cause principale de ce désastre. Si on a l'intention de rester plus sur Terre.

Des gens refusant les normes de protections, malgré le nombre des morts enregistrés, ce relâchement peut avoir des conséquences graves pour notre existence et celle de nos enfants, la fréquence d'arrivée des virus augmente.

On doit tirer la leçon et sortir victorieux et forts dans le futur, prendre notre situation en main. Les virus ont la capacité de se muter, et chaque mutation nous met au début. Un temps précieux pour connaitre le virus et trouver un vaccin. La logique nous impose de trouver des solutions limitant les dégâts.

Tant que les virus sont là, on doit apprendre comment se confiner correctement, qui nous aidera à trouver la vie normale rapidement, et qui permettra à nos hôpitaux et chercheurs de travailler calmement et sans panique

Le monde est unique

Si l'individu est livré à son sort, sans qu'il profité du progrès de la science, il sera marginalisé et la proie de ses impulsions, alimenter par le désir et la croyance, ce qui va le mettra dans un monde unique propre à lui.

Tandis un homme bien servi par la science, il aura un monde semblable à ses approchants.

LE MONDE EST UNIQUE, CE SONT LES GENS QUI LE VOIENT SUIVANT LEURS CAPACITES DE RAISONEMENT. PLUS QUE LA PERCEPTION EST LOGIQUE, PLUS ON ENLEVE LES FILTRES. CE QUI VA NOUS PERMETTRE DE VOIR LE MONDE UNIQUE REEL

Contamination aveugle

Les retards des analyses sont un facteur de propagation, laissant un contaminé avec son entourage plusieurs jours avant de savoir le résultat, aura un mauvais impact, l'informer le plus vite serait meilleur, et évitez de laisser les gens contaminés en libre circulation.

Le problème, ce n'est pas de faire les tests pour les gens malades, qui ont des symptômes de COVID-19. Ces gens vont se soumettre au confinement, et prendre des mesures d'éloignement avant de savoir le résultat du test, les individus malades vont faire attention.

Le problème vient des gens contaminés sans symptômes. La plupart des personnes infectées développent une forme légère à modérée de la maladie et guérissent sans hospitalisation. Qui effectuent des activités journalières normales, c'est gens-là, contaminent des gens sans le savoir, c'est ici que se trouvent les grands contaminateurs. La seule solution, il faut les détecter en faisant les tests massifs, et une fois quelqu'un est détecté positif, il appliquera les règles d'éloignements, qui limitera la contamination aveugle

La réflexion

Nos habitudes doivent changer, Sinon, on sera mis en danger. L'arrivée des nouveaux virus plus dangereux et plus mortel c'est une réalité. Avec chaque arrivée d'un nouveau virus, la vie et économie restera bloquée jusqu'a la découverte d'un vaccin.

Seul un citoyen bien informé et discipliné peut aider à limiter les propagations des virus, acceptons-nous ou pas, on est rentré dans une phase d'arrivée des virus dangereux et nos préparations n'étaient pas à la hauteur

On doit utiliser toute notre énergie pour faire face, et s'unir, **aujourd'hui la solidarité est très souhaitable.** On aura des difficultés à trouver les bonnes solutions dues à la peur du changement.

On doit procéder à la correction, avant qu'il soit trop tard, et n'oubliant pas, IL y'a des pays, qui ont retrouvé la vie normale, tout simplement parce qu'ils étaient bien préparés. Notre système social doit s'unir pour faire un seul bloc,

Un sacrifice de quelques jours de confinement strict, et un respect des règles sanitaires nous suffiront pour faire disparaître la maladie, et nous permettraient de revenir à notre vie. Par manque de discipline ont à mit notre économie en arrêt, et exposer nos familles en danger de mort.

Qu'on veut ou pas nos habitudes vont changer malgré nous, on est au début d'une vague de virus dangereux. Respirer de l'air librement deviendra restreint de plus en plus.

Les Stades, les centres culturels, les salles de théâtre et cinémas, se trouveront vides ou partiellement. Les fêtes seront très limitées, nous ne pouvons pas voyager par risque de propager l'épidémie, nos soirées se feront rares.

L'éveil perdu

Ce qu'il se passe actuellement dépasse l'imagination, un arrêt du monde total,

Chaque jour des nouveaux contaminés et des morts, on assiste à un va-et-vient sans limites, un Confinement suivi d'un déconfinement, notre vie devient ainsi. À ce jour, personne ne peut prédire la fin de la galère.

Demain, on trouvera une solution, la vie reviendra normale, tout sera oublié, on retourne à nos activités quotidiennes. Si on baisse la garde, sans prendre de leçon.

Notre éveil sera perdu, et l'histoire ne sera pas clémente en vers nous. Il ne faut pas oublier, avec le progrès de la technologie, nos actes sont tous enregistrer. Faisant quelque chose pour l'histoire

Les virus sont toujours avec nous en train de s'évoluer pour devenir plus mortels. On doit comprendre que la guerre avec l'environnement n'est pas dans notre intérêt, c'est une guerre perdue d'avance. Nos comportements doivent changer

Statistique

Des gens, nous donnent parfois des statistiques des nombres de morts, basées sur le confinement COVID-19, comparé avec les autres maladies comme le cancer grippes saisonnières. Les résultats constatés montrent, que les autres maladies sont plus mortelles que le COVID-19.

Le nombre des infectés et des morts seront exorbitants sans confinement. Pour voir de prêt, il faut voir les chiffres des morts dans les pays qui ont refusé de faire le confinement au début. En voyant la catastrophe venir, ils ont été obligés de faire demi-tour et se confiner, relançant à leurs démarches du début. Voilà les statistiques à prendre en considération, sans confinement, le nombre de morts sera effrayant et les hôpitaux débordaient des malades.

L'isolement et le traçage des gens contaminés doivent faire l'objet d'un contrôle sévère, utiliser tous les moyens matériels modernes pour la réussir. C'est un point clé pour sortir vite du confinement, et retourner à la vie normale souhaitée par l'ensemble.

En plus, il faut que les gens deviennent plus disciplinés, pour être prêts à toute éventualité future. Radicaliser toutes les causes qui peuvent aider à la propagation et à l'évolution des virus dangereux. On doit respecter les consignes des connaisseurs dans le domaine, la sécurité doit être un choix essentiel dans toutes nos actions.

Soyons sûrs, si notre altitude change, on va constater une économie stagnante de quelques mois, puis la confiance s'installera et un répond économique jamais enregistrer.

L'hiver et COVID-19

L'hiver est et là, en plus des grippes saisonnières connues, le covid19 est avec nous .Soyons très vigilants en respectant les règles sanitaires et l'éloignement. Augmentant la prévention, et n'oubliant jamais nous sommes les principaux transporteurs du virus, protégeons-nous, et ne soyons pas la cause du malheur des autres. Un mélange de la grippe et covid19 ne fera pas une bonne affaire, Ils seront plus meurtriers. On doit être vigilant, en appliquant l'art de la prévention

La correction

C'est pour cela qu'il faut entamer une analyse profonde des problèmes rencontrés pendant la pandémie, et se préparer pour l'avenir, éviter les erreurs déjà rencontrées. Être prêt pour toute éventualité surtout l'arrivée d'un virus plus dangereux. Nous devrons changer pour le meilleur, qu'on veut ou pas, faisant là en douceur, et avec un calcul très juste au lieu d'être obligé de faire les choses en panique. Avec l'arrivée des vagues des virus dangereux, préparons-nous au pire, le nombre des morts touchera des familles de plus en plus, des invalides plus nombreux, et une régression économe jamais enregistrée. Seule une préparation correcte limitera les dégâts

Conclusion

Le bonheur est sous forme d'un nectar servi à l'esprit saint, ou une petite dose de la haine le fait disparaître.

J.1

Notre mission

La mission noble de l'homme de rendre la Terre un lieu de joie et de bonheur ne sera réalisée que par des générations, exploitant mieux les acquis scientifiques dans le bon sens. Des gens qui préfèrent la protection sur le gain rapide, qui respecteront la nature, et feront le Tout pour la protéger. Qui vont faire de l'éducation un élément essentiel, et de la recherche dans les domaines non exploites. Le travail devrait se faire en amont et non pas en aval. L'accueil de nos enfants dans ce monde doit être à la hauteur. En mettant à la disposition des parents les moyens logistiques et matériels, surtout une assistance des experts scientifiques pour les aider à éduquer leurs enfants. Réduire la compétitivité entre nous, enlever les sources de nos malheurs pendant l'enfance, qui empoisonnent notre vie.

Rien n'est plus comme avant, des pluies torrentielles l'été, avec des journées de canicule, on dirait que les saisons ont disparues, et qu'il n'y aura qu'une seule saison. Partout sur la Terre, on assiste à l'installation des digues pour nous protéger de la montée des eaux des océans, qui eux aussi sont pollués de plus en plus, et deviennent moins généreux suite à la pêche massive, et la disparition des espèces marines, jour après jour l'agression de l'environnement n'a cessé d'augmenter ces dernières années. Ce qui a permis l'arrivée des vagues des virus dangereux

La résistance

Peut-on résister plus longtemps, Seul un citoyen bien informé et discipliné peut aider à limiter les propagations des virus, L'arrivée des virus dangereux du moment nous impose le changement de nos coutumes.

Nous sommes obligés d'utiliser toutes nos forces pour faire face, on doit s'unir, Au lieu d'être dispersé comme c'est le cas, l'esprit d'équipe doit régner. On aura beaucoup de difficultés à trouver des solutions suite à notre obstination et à la peur du changement de nos habitudes. Aujourd'hui, par notre négligence, on a crée des virus plus forts, qui menacent notre existence et celle de nos enfants

Est-ce que l'alarme sera prise au sérieux ?

Désastres d'un bateau

Nous sommes dans un bateau en pleine tempête, ou le capitaine a perdu tout contrôle, chaque fois qu'il juge nécessaire, il envoie un marin de son équipage muni d'un hautparleur, pour donner des informations bien préparées dans la cabine de commandement, afin de calmer les voyageurs et éviter la panique.

Décollage

Le décollage devient obligatoire

L'homme doit affronter le défi, en un seul bloc, faire des sacrifices pour redresser la barre, sinon on sera obligé de le faire en état de panique. N'oublions jamais que la Terre est la seule planète où l'être vivant peut vivre. Ne la détruisons pas. Aujourd'hui déjà le masque est obligatoire. Que cache le futur ?

Soyons des sauveurs

C'est très bon d'inventer des télescopes pour voir les étoiles très lointaines, et négliger la détection des petites particules autour de nous. Le rêve de l'homme est d'aller habiter dans une autre planète dotée de combinaisons, de masques et de bouteille d'oxygène. Si nous n'agissons pas dans peu de temps nous serons obligés d'être équipes de masques et de bouteilles d'oxygène ici sur terre sans aller d'ailleurs. L'homme doit apprendre, à contrôler l'excès de l'agressivité, respecter l'environnement, savoir utilise l'art de la prévention, et donner une éducation parfaite aux enfants. Le travail doit être épaulé par le progrès de la science de l'homme pour faire des générations responsables aimables. Il faut les libérer de toute pression dès le jeune âge, pour faire d'eux des adultes responsables, qui optent pour la préservation de leur unique demeure

La science de l'homme doit être introduite dans les programmes scolaires depuis les premières années secondaires, encourager nos adolescents à connaître les dangers des drogues sur leur santé. Qui réduira par conséquent le taux de la criminalité dans notre société. On a tous les ingrédients pour faire la recette tant souhaitée, un homme exemplaire, c'est le moment de marquer l'Histoire, soyons au rendez-vous, sans retard. En tous les cas, les vagues des virus dangereux l'obligent

L'Histoire a montré que l'homme est capable de dépasser les épreuves difficiles. Travaillons avant de subir des pertes douloureuses.et surtout voyant le menu que nous allons laisser pour nos enfants. Le matériel de travail doit être rajeuni, les mentalités doivent changer. On doit travailler l'énergie humaine énorme de notre esprit, qui reste mal exploité. La nature autour de nous est un tableau d'art unique dans son genre à travers tout univers, ne la détériorons pas

La science du comportement à beaucoup progressé ses dernières années, elle a la capacité d'aider, et changer nos habitudes, elle peut nous aider à être plus préventifs, et nous apprendre à préserver la nature. Les familles modestes doivent être aidées à éduquer leurs enfants. La nostalgie au passé et la peur du futur doivent être surmontée dans des moments difficiles. Barons la route a la panique avec ses effets désastreux. Procédant à un changement en douceur et utilisant les moyens qu'on possède.

Sachant bien L'homme devient non réceptif s'il est menacé.

Ne soyons pas la source de malheurs de nos sociétés. Marquant l'histoire avec un sacrifice pour la mémoire des générations futures, et prenant exemple de nos anciens qui ont donné beaucoup de bonnes choses pour nous offrir ce qu'on a de bon pour l'instant. Donnons une belle logistique à nos enfants pour qu'ils luttent efficacement contre les épidémies futures, et une éducation qui les rendra plus disciplinés et responsables et leur apprendre à préserver la Terre.

L'esprit de la compétition ne doit pas être encouragé entre nous, il dresse entre les gens des barrières de détestation. Créant des moments de détente en faisant souffrir les autres, c'est indigne. Il n'a Jamais été une grandeur pour l'homme. La rivalité apporte la haine et nous éloigne du vrai bonheur.

Avertissement :

Ce livre ne donne pas des consignes médicales, seul un professionnel de santé est apte à vous fournir un avis Médical, et seules les autorités sanitaires de votre pays sont compétentes pour donner des consignes de santé relative à la pandémie.

JENAD EL Arbi

Jenadl@yahoo.com